©Devsisters Corp.

- **1판 1쇄 인쇄** | 2016년 3월 18일
- **1판 1쇄 발행** | 2016년 3월 30일
- **글** | 조주희
- **그림** | 이태영
- **감수** | 김장미
- **발행인** | 이정식
- **편집인** | 최원영
- **편집장** | 안예남
- **편집** | 박지선
- **디자인** | 이명헌, 남정임, 최한나
- **출판영업** | 홍성현, 임종현
- **제작** | 이수행, 주진만
- **출력** | 덕일인쇄사
- **인쇄** | 서울교육
- **발행처** | 서울문화사
- **등록일** | 1988. 2. 16
- **등록번호** | 제2-484
- **주소** | 04376 서울특별시 용산구 새창로 221-19
- **전화** | 02)791-0754(판매) 02)799-9308(편집)
- **팩스** | 02)749-4079(판매) 02)799-9334(편집)

ISBN 978-89-263-8748-1
     978-89-263-9810-4 (세트)

달리는 쿠키들의 한자 대모험

쿠키런

한자런

©Devsisters Corp.

서울문화사

감수의 글

'한자'는 국어, 수학, 영어와 같이 여러분이 꼭 배워야 할 과목입니다. 왜일까요?
세종대왕이 한글을 만들기 이전, 우리 조상들은 한자를 사용하여 편지를 쓰고,
시도 쓰고 자신의 생각을 적는 등 실생활에 필요한 모든 내용들을 기록했습니다.
한마디로, 의사소통의 수단이 한자였던 것이지요.

자랑스러운 한글이 만들어져 글을 읽고 쓰기가 편해졌지만,
우리말의 70% 이상은 여전히 한자어로 이루어져 있습니다.
"영희와 나는 운동을 했습니다."라는 문장에서 '운동'은 한자어입니다.
'움직이다'라는 뜻의 옮길 운(運)과 움직일 동(動)으로 이뤄진 단어죠.
"소중한 친구에게 편지를 쓰다."라는 문장에서 '소중(所重)'과 '친구(親舊)',
'편지(便紙)'도 모두 한자어입니다.
그리고 한자를 알면 말이나 문장을 더 쉽게 이해하고 글을 잘 쓸 수 있습니다.
"차를 사다."라고 했을 때, 마시는 차(茶, 차 차)일 수도 있고 이동수단인
차(車, 수레 차)일 수도 있습니다. 한자를 알아야 무엇을 가리키는지 명확해집니다.
이렇듯 한자는 의사소통을 쉽게 해 주고, 다른 공부에도 많은 도움을 줍니다.

〈쿠키런 한자런〉은 꼭 알아야 하는 한자를 쉽고 재미있게 배울 수 있는
책입니다. '천 리 길도 한 걸음부터'라는 속담처럼, 이 책을 통해 여러분이 한자에
흥미를 가졌으면 합니다. 무슨 공부든 흥미나 재미가 없으면 성취하기 어렵습니다.
책을 재미있게 읽는 동안 한자 실력이 쑥쑥 성장하기를 기대합니다.

김장미(봉담중 한문교사)

머리말

한자, 달리기, 놀이동산이 금지된 쿠키나라를
한자로 구하는 초등 쿠키들의 신나는 모험담!

우리가 하는 말 중에는 '쿠키런'처럼 외국말이 섞여 있기도 하고,
'이슬비'처럼 순우리말도 있고, '전력질주'처럼 한자로 된 말도 있어요.
이 중에서 한자는 우리가 쓰는 말의 상당한 부분을 차지하고 있지요.

그렇기 때문에 차근차근 한자를 익히면
처음 접하는 단어의 뜻도 쉽게 알 수 있고,
한자 실력과 함께 이해력과 사고력도 쑥쑥 자란답니다.

〈쿠키런 한자런〉에서 재미있는 이야기를 읽다 보면
여러분도 어느새 한자와 친해지게 될 거예요.
마녀가 금지시킨 한자의 비밀을 알게 된 꼬마 쿠키들이 쿠키나라를
구하기 위해 모험을 떠나는 이야기가 멋지게 펼쳐지거든요.

쿠키 주인공들과 함께 신나는 모험을 펼치며
재미와 감동이 있는 순간,
잊을 수 없는 한자들과 만나 보세요!

우리와
함께 가자!

등장인물 소개

용감한 쿠키

쿠키나라를 구하기 위해 모험을 하고 있다. 특기는 빨리 달리기, 취미는 독한 방귀 뀌기다.

명랑한 쿠키

펫 알과 쿠키런 경기장에 대해 아는 게 많은 똑똑한 쿠키. 눈치가 빠르고 위기의 순간에 잘 대처한다.

탐험가맛 쿠키

모험을 좋아하는 쿠키. 과거 슈크림맛 쿠키를 배신하고 마법 거울을 훔쳐 달아났다.

코코아맛 쿠키

불꽃정령쿠키의 하수인. 도도한 성격으로, 따뜻한 코코아컵에 들어가 있는 걸 좋아한다.

예언자맛 쿠키

전설의 쿠키 중 한 명으로 포춘 쿠키로 예언을 할 수 있다.

불꽃정령 쿠키

쿠키왕국을 구한 전설의 쿠키였으나 지금은 굴뚝 마녀에게 굴복했다. 달빛술사 쿠키를 짝사랑하고 있다.

쿠키앤 크림 쿠키

용감한 쿠키의 할머니. 과거 쿠키나라를 구한 전설의 쿠키 중 하나.

**슈크림맛
쿠키**

달빛술사 쿠키의 밑에서
마법을 배우고 있다.
누군가를 구할 때 엄청난
힘이 생기는 쿠키.

**달빛술사
쿠키**

버려진 마법도시에 사는 미모의
마법사로, 꿈속에서 거인을 부릴 수
있다. 알고 보면 외로움이 많은 쿠키.

**마법사맛
쿠키**

전설의 쿠키 중 하나로,
쿠키런 경기장의 위치가
표시된 마법사전을 들고 다닌다.

**딸기맛
쿠키**

존재감은 미미하지만
긴박한 순간 뛰어난
재치를 발휘할 줄 아는
숨은 재주꾼.

**닌자맛
쿠키**

조용히 숨어 있거나
벽을 타고 빠르게
움직일 줄 아는 쿠키.

**블랙
베리맛
쿠키**

탐험가맛 쿠키의
저택에서 일하는
쿠키로 능력이 많다.

**보더맛
쿠키**

보드를 언제나
타고 다니는
장난꾸러기 쿠키.

**악마맛
쿠키**

불꽃정령쿠키의 하수인.
천사였으나 타락주사를
맞고 악마가 되었다.

**버터크림
초코쿠키**

과거 용을 물리친
전설의 쿠키였으나
지금은 돈밖에 모르는
쿠키도시 최고의 부자이다.

이 책의 특징

① 맥락으로 기억한다!

이 책은 이야기의 맥락과
강하게 연결된 한자 만화로,
흥미진진한 내용을
따라가다 보면
자연스럽게 한자를
익힐 수 있습니다.

승리(勝利)!

이 얼마나 기분
좋은 말인가!

② 시각으로 기억한다!

만화 속에서
중요한 장면마다
큰 이미지의 한자가
인상 깊게 등장하여
눈으로 한자를
먼저 기억하게 됩니다.

끌어당겨!

찌이익

③ 기초부터 학습한다!

획이 많고 어려운 뜻의
상급 한자보다는
초등학생이 접하기 쉬운
초급 한자부터
차근차근 배웁니다.

물이 흐르는
모습을 나타낸
물 수(水)!

혁 혁 촤아아

④ 반복해서 기억한다!

만화에서 한자가
여러 번 등장하여
반복 학습이 가능하고,
권말 집중 탐구로
확실히 정리합니다.

대롱 속을 들어갔다
나오는 모습을 표현한
한자야.

통과했으니
통할 통(通)!

쏘옥

척

소식이 통하다,
통신(通信).

학교를 다니다,
통학(通學).

차례

지난 줄거리 버려진 마법도시에 들어간 어린 쿠키들은 달빛술사 쿠키가 조종하는 거인의 공격 속에서 험난한 레이스를 시작한다. 단계를 거듭할수록 점점 더 거세지는 거인의 위협을 피해 어린 쿠키들은 힘을 모아 달리지만, 해가 뜨기 전에 다섯 단계나 되는 경기장을 탈출해야 한다는 탐험가맛 쿠키의 말에 좌절하고 만다. 한편, 슈크림맛 쿠키는 힘겨운 경기를 치르는 어린 쿠키들을 보며 안타까워하다가 자신도 모르게 마법을 부려 도움을 주게 되는데…!

〈쿠키런 한자런〉 6권에 등장하는 한자

自 스스로 자	動 움직일 동	車 수레 차 · 거	妨 방해할 방
害 해할 해	文 글월 문	明 밝을 명	王 임금 왕
容 얼굴 용	恕 용서할 서	計 셀 계	妄 망령될 망
主 주인 주	幸 다행 행	花 꽃 화	

26장

자동차를 타라!

부릉부릉~ 달려라!

5단계 거인 등장! 어서 피해!

車

수레 차·거

달빛술사
쿠키 님~

디링

테리링

불꽃정령쿠키 님의
마음을 받아 주세요~

딩가

딩가

다, 달빛술사
쿠키 님….

그만해!

콰악

왜 그래?

덤덤

슷!

날 깨운 게 누구냐?!
쿠키 꼬맹이들을
잡기 직전이었는데!

화르르르

파지지직

꺅

으아아

저건 불꽃정령 쿠키가 아닌가?

악마맛 쿠키와 코코아맛 쿠키도 있네. 저들이 왜 이곳에 있지?

달빛술사 쿠키의 짓인가?

저만한 힘을 쓸 수 있는 건 달빛술사 쿠키뿐이지.

가지 말까?

무서워….

약한 소리 하지 마! 쿠키왕국의 미래가 우리에게 달려 있다고!

붕

붕

붕

4단계 통과(通過)!

성공했어!

거인이 갑자기 멈추다니, 운이 좋았어!

멈추지 말고 계속 달려요!

아직 한 단계가 더 남아 있다고요!

그래, 맞아! 계속 가자!

곧 해가 뜰 거야. 시간이 없어!

자동차(自動車)라도 있으면 좋을 텐데.

자동차(自動車)…?

스스로 자(自),

움직일 동(動),

*수레 차(車),

코를 가리켜 자기 자신을 뜻하는 한자지.

힘을 써서 물건을 움직이는 모양이야.

수레를 본뜬 한자지.

*'수레 차(車)'는 '수레 거'라고도 읽습니다.

그래, 자동차(自動車)야! 자동차를 타고 가야 5단계를 통과할 수 있어.

마법(魔法)으로 자동차를 만들어야 해. 하지만 그건 너무 어려운 마법인데, 내가 할 수 있을까…?

차아아

앗?

보더맛 쿠키 님,
보드 좀 빌려주세요.

내 보드?

화악

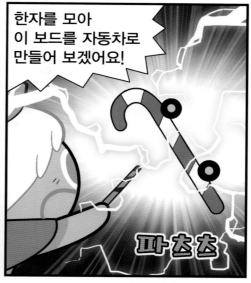

한자를 모아
이 보드를 자동차로
만들어 보겠어요!

파츠츠

스스로
자(自)!

움직일
동(動)!

수레
차(車)!

파
지
직

뭐 하는
거야?

한자 마법을
쓰고 있어.

한자 마법은
상급 마법사만
쓸 수 있는 어려운
마법이야.

콰아아

한자런 021

젤리우스
익스트리무스!

파지직

쿵

수레
차(車)
자다!

콰아아아

수레 차(車)가
네 바퀴와 자동차
바닥이 됐어!

젤리우스
익스트리무스!

이번엔 스스로
자(自) 자가
떨어졌어!

파지직

불룩

불룩

스스로 자(自)가 수레 차(車)와 합쳐졌어!

진짜 자동차가 됐잖아?

뿡

젤리우스 익스트리무스ㅡ!

動

둥실

멋지다…. 하지만 자동차가 움직이려면 연료가 있어야 해.

한자 마법, 넘 멋있어~

움직일 동(動) 자다!

움직일 동(動)이
*연료가 되는 거야!

차-아

重動

앗! 차가워

*연료 : 연소하여 열, 빛, 동력의 에너지를 얻을 수 있는 물질을 통틀어 이르는 말.

그런데…

조용~

움직이질
않는데?

어떻게
된 거지?

실패한 건가?

난 역시
안 되나 봐….

부아앙

이 모습을 달빛술사 쿠키 님이 보셨다면 칭찬해 주셨을 텐데.

슈크림맛 쿠키…

와아

너 정말 대단하다!

찌잉

와

푹신푹신 슈크림 자동차(自動車)야.

핫하하

슈크림맛 쿠키는 멋진 마법을 쓸 수 있구나!

호호

하하

고마워

여기 있는 쿠키들 모두 나를 인정해 주고 있어.

우린 친구가 된 거야!

슈크림맛 쿠키의 마법이 나 때문에 강해졌다니, 그게 무슨 말이냐고!

도련님은 철이 없어서 남들이 다 아는 것도 혼자만 모르실 때가 많아.

슈크림맛 쿠키가 왜?!

스스로 깨달아야 해.

부우웅

으
아
아
아

떨어진다!!

콰아아

터
엉

부아앙

길은 오직 하나,
비탈길을 따라
올라가는 것뿐이야.

부아아앙

하늘이 짙푸르게
변했어. 곧 태양이
뜰 거야.

해가 뜨면 문(門)이
닫히고 우린 여기
갇히겠지?

지하(地下) 경기장이
아니라 지하 감옥에
말이야.

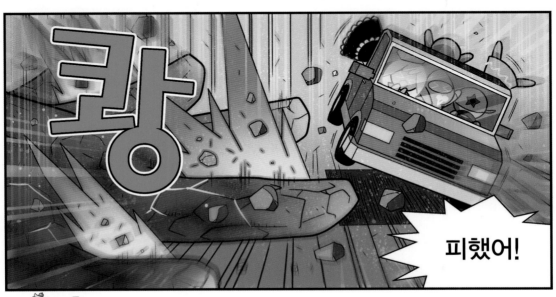

아, 아하하… 거인 님… 안녕하세요. 저흰 어쩌다 여기에 떨어진 죄밖에는 없는….

쿵

어머?

코코아맛 쿠키, 그럼 안 돼…

이 못생긴 친구는 누구예요?

크아~

크르르르

이놈들, 이렇게 나를 또 방해할 셈이냐!

화악

으아아

도망쳐!

파바박

크아아아

걸음아 나 살려라~!

부우우

불꽃정령쿠키와 악마맛 쿠키, 코코아맛 쿠키잖아!

왜 갑자기 하늘에서 떨어진 거지?

부우우웅

설마 우리를 도와주러 온 건가?

그럴 리가 없죠. 악당들인데.

그럼 펫 알을 노리고?

으아아

꽉

콰앙

근데 거인과 싸우고 있어.

보더맛 쿠키, 저 위를 봐요.

부우우웅

곧 해가 뜰 것 같아요.

어쩌지? 우린 반도 못 올라왔어.

안 되겠다. 다들 꽉 잡아!

부우웅

妨
방해할 방

너흰 절대
여기서
나갈 수 없어!

害
해할 해

난 먼저
갈게~.

슈웅~

거인에게 잡히겠어!

슈우웅

제발….

슈크림맛 쿠키, 달빛술사 쿠키를
설득할 수 있을까?

27장

지하 감옥 밖으로 달려!

지하 감옥이 이렇게 무서운 곳이었다니!

무서워.

자동차 마법이 풀리려 해!

으아아

쾅

어린 쿠키들의 운명은?

꼬마 쿠키들이
있다는 건 여기가
지하 감옥…?

우리가 떨어진 곳이
지하(地下) 경기장의
마지막 출구였나 봐요.

그럼 저 문(門)을
통과(通過)하면
펫 알을 얻을 수
있다는 말이잖아?

너희는 절대 이 경기장을 완주(完走)할 수 없어!

화악

부아앙

툭!

철썩

화악

조심해!

와아앙

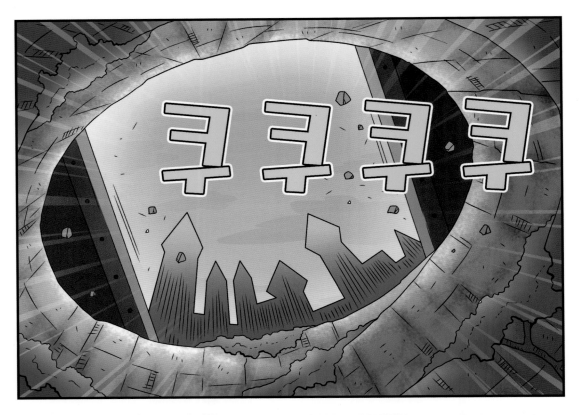

입구(入口)가
닫힌다.

부우웅

부우우우

저 자동차는
슈크림맛 쿠키가
마법으로
만든 건가…?

저 정도로 마법이 강력한 아이가 아니었는데….

슈크림맛 쿠키, 네가 나를 방해(妨害)하다니, 용서할 수 없어.

방해할 방(妨)!

해할 해(害)!

크아아

모 방(方)은 '좌우로 내밀다'라는 뜻이지. 그래서 방해할 방(妨) 자는 여자가 손을 좌우로 내밀어 방해한다는 의미가 된다고.

해할 해(害)는 집(宀, 집 면) 안에 들어앉아 사람을 헐뜯고 어지럽히는 말을 한다는 뜻이지.

슈크림맛 쿠키, 네가 나를 방해(妨害)하는 모습 그대로구나!

화악

밑에서
거인(巨人)이
올라온다!

끼이잉

위에선 문이
닫히고 있어!
큰일이야!

하지만…

슈크림맛 쿠키는
종종 놀랄 만큼
강한 마법(魔法)을
부릴 때가 있어.

예전에 꿈속에서
거인들을 조종하다가,
실수로 거인을 성에
데려온 적이 있었어.

크아아

하마터면 그 거인
때문에 목숨이
위험할 뻔했었지.

자기도 모르게
말이야.

달빛술사
쿠키 님!
일어나세요!

쿠웅

쿨~

어떡하지? 내가 너무
작아서 거인의 시선에선
안 보이나 봐.

코아아아

안 돼!

젤리우스
익스트리무스!

파츠츠츠

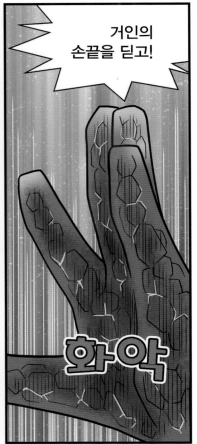

두 번은 안 속아!

화악

퍼억

으아아아~

쿵

콰

쿵

사라진다!

펑

툭

내 보드···

한자 마법(魔法)이
깨졌어···.

그리고
우리는 이곳에
갇혔어.

안 돼….

내가 운전을 조금
더 잘했더라면….

아니야… 네 운전은
훌륭했어.

이건 모두
내 잘못이야.

내가 슈크림맛
쿠키를 배신(背信)한
것부터가 잘못이었어.

탐험가맛
쿠키 님….

유물을 모은답시고
많은 물건을 도둑질했던
*죗값을 받는 거야.

쿡쿡쿡

꼴좋구나,
꼬맹이들아.

*죗값 : 지은 죄에 대하여 치르는 대가.

너희는 지하(地下) 감옥에
갇혀 평생 살아가거라.

화ㄹㄹㄹ

열려라
마법의 문(門).

우린 이만
빠져 줄게~.

휙

화ㄹㄹㄹ

왜 안
들어가지지?

버려진 마법도시에선
쿠키들의 마법(魔法)이
통(通)하지 않아요.

마법 거울로만
들어오고 나갈 수
있어요.

싫어! 이런 곳에서 평생
살 수 없다고!

으아아

크아아아

휘익

으앗!

크르르

앗차, 거인이
있었지!

너희는 이제 영원히
암흑 속에서
살아가게 될 거야!

크아아

이건 달빛술사
쿠키 님의 목소리야~.

달빛술사 쿠키 님께서
마법으로 거인을
움직이는 거예요.

휙

휙

뭐? 그런 거였어?

크르르

영원히 이곳에서 살아가며 내가 느껴 왔던 외로움을 절절히 경험해 봐라.

수백 년간 홀로 살아온 나의 외로움을!

잠깐!

불꽃정령쿠키? 날 또 방해(妨害)할 셈인가요?

당신이 외롭지 않게 내가 곁에 있어 줄게요.

크르르르

엥? 뭔 소리래?

후훗

나란 남자, 멋진 남자.

바쁘니까 비키세요!

크악ㅡ!

팅

쩌억

창피하다….

달빛술사 쿠키 님, 쿠키들을 괴롭힐수록 더 외로워져요.

슈크림맛 쿠키, 위험해.

척

쿠키들과 함께 살아가요, 네?

슈크림맛 쿠키, 넌 더 이상 나의 제자가 아니야.

넌 나를 배신(背信)했다.

크르르

마음 같아선 당장에라도
너에게 마법으로 벌을 내려
주고 싶을 정도라고!

그만하세요!
당신은 악당이
아니잖아요?

딸기맛 쿠키….

당신은 쿠키왕국
최초의 쿠키예요.

척

크르르르

최초의 쿠키?

고대 마법사들이
당신을 만들었댔죠?

그렇담 당신은
마법사가 만들어 낸
최초의 쿠키가 분명…

…하고 〈쿠키 전설 대백과〉에 쓰여 있어요.

딸기맛 쿠키, 너 또 이상한 글을 읽고 왔지?

아무튼 확실한 건 당신은 굴뚝 마녀의 정체를 알려 줄 수 있는 귀중한 쿠키라는 거예요.

파 파

크르르르

굴뚝 마녀?

그분의 이름을 함부로 불러선 안 됩니다.

불꽃정령쿠키,

이 굴뚝 마녀의 하수인(下手人)!

척

믿을 수가 없어, 슈크림맛 쿠키….

明
밝을 명

밝은 해가 뜬다! 시간이 없어!

文
글월 문

도망쳐-!

우릴 내보내 주라고!

容
얼굴 용

28장

슈크림맛 쿠키, 힘을 발휘하다

내가 쿠키왕국의 새로운 왕이 될 것이다!

王
임금 왕

허허~

恕
용서할 서

슈크림맛 쿠키를 용서해 줘.

쿠키 문명의 숨겨진 비밀은?

쿠아 아아 아

굴뚝 마녀라니,
난 모르는
이름이야!

그리고 굴뚝 마녀가 고대
마법사들 중 하나라면
절대 쿠키왕국을 망하게 하지
않을 거야.

고대 마법사들은
쿠키인 날 사랑해
주었으니까!

그럼 왜 여기에 당신 혼자지?

화악

용감한 쿠키….

당신을 두고 가 버린 거잖아!

날 버린 게 아니야!

코아아

분명 무슨 일이 있었을 거야….

그들은 결코 날 잊지 않았어.

다시 돌아올 거란 말이야!

당신은 우리와 같은 쿠키예요.

척

쿠키는 쿠키들과 어울려 살아야 해요. 당신도 쿠키들의 미래를 위해 힘을 합쳐야 한다고요!

탐험가맛 쿠키!

저는 오랜 시간 쿠키나라를 탐험하며 많은 유적들을 연구했습니다.

거기서 놀라운 사실을 알아냈죠.

그건 바로 쿠키들의 문명(文明)이 이미 여러 번 완전히 *멸망했다가 다시 이루어졌다는 거예요.

뭐?!

쿠키들의 문명(文明)이 완전히 사라졌다가 다시 새로 나타나길 반복했다고?

세상에!

*멸망 : 망하여 없어짐.

근데 문명(文明)이 뭐야?

어휴

글월 문(文)은 사람(人, 사람 인)의 몸에 글을 새긴 모양이고

문신?

밝다!

밝을 명(明)은 해(日, 날 일)와 달(月, 달 월)이 합쳐져 '밝음'을 나타내지.

문명(文明)은 글월 문(文)과 밝을 명(明)으로 이루어진 말이야.

文 明

즉, 문명(文明)은 지식으로 세상을 밝게 비추는 거야!

화악

文

쿠키가 *이룩한 물질적, 기술적, 사회 구조적인 발전을 의미하지.

*이룩하다 : 어떤 큰 현상이나 사업 따위를 이루다.

한자런 081

쿠키들의 문명(文明)이
이전에도 있었다니,
충격이야.

헛!

그렇다면 지금 문명(文明)도
멸망할 수 있다는 거잖아!

척

굴뚝 마녀에 의해 까맣게
구워져서 말이야.

화르르르

화르르

으으...

덜덜

무서워...

하지만 이곳, 버려진 마법도시만은
수많은 문명(文明)이 생기고 망하는
동안 단 한 번도 부서지지
않고 견뎠어.

여기도 멸망한 거나 마찬가지 아냐? 달빛술사 쿠키와 슈크림맛 쿠키 둘뿐인 죽음의 도시잖아.

뿡

연구라니, 웃기군. 착한 슈크림맛 쿠키를 속이고 이용한 주제에!

콰악

아니, 분명 이곳의 유적들은 멀쩡했어.

난 그 이유를 연구하려 이곳에 찾아왔던 거라고.

네…. 그건 정말 죄송하게 생각해요. 제가 나빴습니다.

탐험가맛 쿠키 님.

…….

불꽃정령쿠키!

제법 똑똑하군.

멍청한 쿠키들이
모여서 달릴 줄만
아나 했더니

머리를 모으니
꽤 쓸 만해졌어.

너희 말이
맞아.

이미 쿠키들의
문명(文明)은 여러 번
멸망했었다.

척

너희가 아무리 발버둥 쳐도 멸망을 피할 수 없어.

하지만 걱정하지 말라고.

뜨겁게 달아오른 쿠키왕국엔 그 어떤 쿠키도 남지 않겠지만,

화ㄹㄹ

쿠오오오

곧 이 땅은 서서히 식을 테고, 그러면 새로운 쿠키들이 태어날 거야.

휘이이이

그렇게 새로운 문명(文明)이 다시 시작되는 거지.

나는 말이야…

용(龍)의 계곡에서 붉은 용과 싸울 때

끝이 없는 절망을 느껴 보았다.

화ㄹㄹㄹ

화르르

슈우우

툭

그때 굴뚝 마녀
님께서 나를
선택하셨다.

쿠키들의 왕(王)이라고?!

효효~

하하하!

크르르르

하늘과

사람과

땅을

두루 꿰뚫어 다스리는 지배자를 뜻하는 임금 왕(王)?

王

파앗

임금 왕(王) 자는 고대 중국에서 지배자의 상징으로 여겼던 도끼를 본뜬 것이기도 하다고~.

어쨌든 내가 지배할 다음 쿠키들의 문명(文明)은 더 멋지고 화려할 거야.

척

불의 문명!

너희처럼 약한
쿠키들의 세계가 아닌

흥!

나를 중심으로 한 강력한
*제국이 세워질 테니까.

*제국 : 황제가 다스리는 나라.

그리고 쿠키들을 강한 불의
전사로 키울 거야.

붉은 용(龍)과
함께 불의
문명(文明)을
시작하는 거지!

쿠오오오

말도 안 돼!

지금처럼 알록달록하고 개성 있는 쿠키들이 만들어 가는 세상이 훨씬 좋단 말이야!

부르르...

멸망은 이미 정해진 운명이야!

너희도 굴뚝 마녀 님을 막겠다고 애쓰지 말고 포기하는 게 좋을 거다.

그러면 마음이 편해질 테니까.

흐음….

달빛술사 쿠키 님,
당신을 향한 내 마음만은
변치 않을 거란 걸
알아주세요.

크ㄹㄹㄹ

이번 쿠키
문명(文明)이
멸망한 후에도
나는 여전히 남아
있을 테니.

우리도요!

화ㄹㄹ

너희 꼬맹이들은
바싹 타서
사라질 테지만.

ㅋㅋㅋ

화ㄹㄹ

저 얄미운 것들.

으으...

가자!

휘익

휙

휙

네!

앗, 뜨거워!

너네 바보냐?

더 이상 나와 상관없는 이야기는 듣고 싶지 않다! 다들 이곳에 영원히 갇혀 살아가라!

크아아

싫어! 풀어 줘!

우릴 가두지 말라고!

뿡

뿡

슈크림맛 쿠키!

달빛술사 쿠키 님.

스윽

저번에 거인(巨人)에게서 밟힐 뻔한 걸 구해 준 일과

내가 시키는 온갖 심부름을
잘해 줘서 고마웠다.

드세요~

서툰 마법이지만
조금씩 발전해 가는
널 보는 것도 좋았었다.

파지직

무엇보다…!

호호

네가 옆에
있어 줘서
외롭지 않았어….

달빛술사
쿠키 님….

앞으로도 그렇게
살 수 있어요!

크르르르

용서할 서(恕).

여자(女, 여자 녀)의 말(口, 입 구)처럼 남을 이해하고 용서하는 마음(心, 마음 심).

내게 용서(容恕)를 구하지 마라!

콰아아

너무해!

고집불통 할망구!

저는 용서(容恕)를 구하려는 게 아니에요.

크르르

친구들을 구하려는 거예요.

척

친구를
구한다고?

ㅋㄹㄹ

젤리우스…!

파지직

마법(魔法)을
쓰려는 거야?

익스트리무스ㅡ!!

콰아아아

설마, 날 구했던
그 마법을
쓰려는 거니?

단 한 번밖에
성공한 적이
없었잖아….

앗, 모래 바람이 친다!

쿠오오오

성공할 수 있을까….

아…

슈크림맛 쿠키….

스스스스

지직…

뭐, 뭐지?

설마
출구(出口)를
노린 거야?

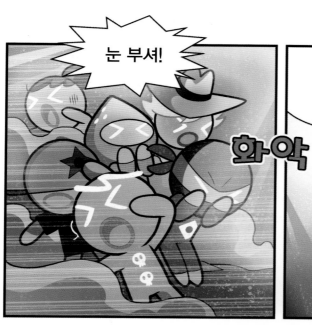

눈 부셔!

화악

문(門)이 날아갔군.

슈크림맛 쿠키의 마법(魔法)에 어떤 비밀(秘密)이 있는지 이제 알겠어.

누군가를 구하려고 할 때, 강한 마법의 힘이 발휘되는 거야.

하얏!

나를 구하거나

슈우우

친구들을 구할 때….

척

정말 착한 녀석이야, 슈크림맛 쿠키.

아니, 내가 또 무슨 생각을!

문을 부수었다고 나갈 수 있을 줄 아느냐!

크아아아

어림없어! 내가 너흴 모두 부숴 주겠다!

화악

거인(ㅌ人)이 화났다!

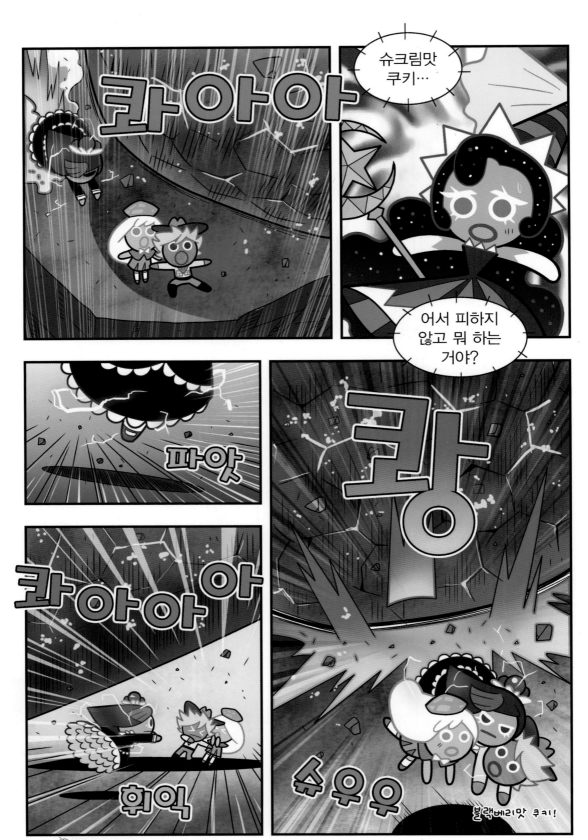

피했다!

휘익

휴~
다행이야….

척

달빛술사
쿠키 님….

무사해서
다행이야….

정말 다행이야!

글썽

計

지하에서 지상으로 탈출—!

셀 계

달빛술사 쿠키
님의 진심은
달랐어….

主

넌 누구의
펫이니?

주인 주

받아라,
초콜릿 폭탄!

老

늙을 로

29장

달빛술사 쿠키의 진심

넌 악마맛 쿠키라고!

쿠키, 아니
노인 살려~.

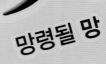

妄
망령될 망

달빛술사
할망구~
가만 안 둬~.

내가 졌어…. 슈크림맛 쿠키, 난 널 해칠 수 없어.

그래, 슈크림맛 쿠키야. 네 말이 옳아.

크르르르

쿠키들을 미워해서는 안 돼.

나를 많이 사랑해 주신 고대 마법사님들이

이렇게 삐뚤어진 내 모습을 보면 실망하실 거야.

글썽

슈크림맛 쿠키의 말대로 쿠키들과 어울려 함께 살아가야 해.

헉

드디어 계단 끝이다….

헉

헉

달빛술사 쿠키가 자고 있어!

울면서 웃고 있는데?

서둘러! 깨기 전에 묶어 두자고.

ZZZ

흐흐흐...

자, 그럼 슬슬 깨워 볼까?

척

비실

비실

초코방울, 네 도움이 필요해.

달빛술사 쿠키, 어디 달콤한 초콜릿 맛 좀 보라고.

슈크림...

콰악

슈크림맛 쿠키야….

ㅋㄹㄹㄹ

ㅋㄹㄹ

거인의 목소리가
부드러워졌는데?

달빛술사
쿠키 님.

슈크림맛 쿠키,
속지 마. 가까이
오게 해서 널 밟아
버리려는 거야!

나, 너무 미…

꾸악

너무 미안해….

촤아악

으아~

화악

벌떡

깨어났다!

누가… 왜 이 중요한 순간에 날 깨운 거야…!

부들

부들

끼이이

덜컹

어라?

거인이 멈췄어요.

달빛술사 쿠키가 또 깼나 봐.

'나, 너무 미…' 다음이 뭐였을까?

뿡

나 너무… 미인이다?

나 너무… 미스테리하다!

무슨 말을 하시려던 거였을까?

휘이이

달빛술사 쿠키 할멈, 오랜만이야.

할멈이라고 부르지 마!

ㅋㅋㅋ

욱

여기 계단이 너무 많은 거 아니야?

그래, 생각났다. 너희 전설의 쿠키 노인(老人)들이지?

같은 노인끼리 너무하는군.

날 노인(老人)이라고 부르지 마. 난 젊고 아름다운 마법사라고!

반짝

버럭

무슨 소리야? 우리보다 나이도 훨~씬 많으면서.

시끄러워. 너희 때문에 감동적인 눈물의 화해를 못 했단 말이야!

슈크림맛 쿠키가 아직
내 사과를 못 받았는데….
이대로 쿠키 꼬맹이들과
이곳을 떠나면 어떡하지?

슈크림맛 쿠키를
잡아야 해!

역시 나쁜
할멈이로구먼!

모두 비켜!

난 지금 당장
경기장으로
가야 한다고.

짜아악

소용없어. 네가
잠들어 있을 때,
움직이지 못하게
꽁꽁 묶어 뒀거든.

으으…

꿈속에서 거인(巨人)을
불러다 너희를 모두
부숴 주겠어.

확

으앗!

찌이익

다시 잠들 순 없어.

우리가 쉽게 당할 것 같아?

안 되겠다. 미인계(美人計)를 써야지.

미인(美人)인 나의 아름다움으로 쿠키들을 꾀는 작전.

미인계(美人計)!

말(言, 말씀 언)로 묶음 10개(十, 열 십)를 소리 내어 헤아리며 정리한다는 뜻의 셀 계(計)에는 '꾀하다, 계획하다'라는 뜻도 있지.

샤방~

난 이제 쿠키들을 괴롭히지 않기로 했어.

착한 마법사가 되기로
결심했단 말이야.

아잉~

그러니까 이거
풀어 줘, 응?

할망구가
노망(老妄)이 났나.

노…노망?

늙을 로(老)에
망령될 망(妄),
노망!

털썩

어이쿠~.

으어어~.

내 미인계(美人計)가
안 통하다니!

으으…

백만 년을 살아온
무시무시한 마법사의
말을 누가 믿어?

척

이제 우리는 저 출구(出口)로 나가기만 하면 돼.

네가 우리 모두를 구했어!

슈크림맛 쿠키, 최고야!

와

와-아

널 속이고 유물을 훔쳤는데도 날 도와주다니, 부끄럽다…. 미안해…. 그리고 고마워.

탐험가맛 쿠키 님, 그런 말 마세요.

전 그저 쿠키들이 부서지는 걸 보고 싶지 않았을 뿐이에요.

정말 착한 쿠키야~.

헤~

악마맛 쿠키 주제에 감동받지 마!

쟈요!

퍽

우린 거인(巨人)이 깨어나기 전에 이곳을 빠져나가자.

달빛술사 쿠키 님의 화가 풀리면 그때 다시 이곳을 찾아야겠어.

파앗

콰아아아

오늘은 때가 안 좋았다!

저희 그럼 쓰레기장으로 돌아가나요?

불꽃정령쿠키 님은 왜 무서운 달빛술사 쿠키 님을 좋아하는 걸까?

스윽

악마맛 쿠키, 넌 참 순진하구나.

파닥

파닥

불꽃정령쿠키 님은 쿠키왕국을 멸망시키기 위해 달빛술사 쿠키 님의 힘이 필요한 거야.

진짜 좋아하는 게 아니라고~.

진짜?

뺄

뺄 뺄

넌 정말 악마 같지 않은 악마맛 쿠키라니까.

콰아아

달빛술사 쿠키 님….

콰아아

슈우우우

악당 쿠키들이
날아가 버렸네.

휘이이

우리도
얼른 나가자.

근데 저 위에 언제
올라가지?

다시 봐도
높아...

제가 한자 마법으로
자동차(自動車)를 다시
만들어 드릴게요.

정말?

파츠츠

젤리우스
익스트리무스!

파츠츠츠

파앗

슈크림맛 쿠키,
우리와 함께
쿠키왕국으로 가자.

그래, 내 저택은
엄청 넓어서 다 함께
살 수 있어.

부아아앙

아니요. 전 달빛술사
쿠키 님 옆에
남을래요.

뭐?!

제가 없으면
달빛술사 쿠키 님은
더욱 외로워지실
거예요.

휘이이

널 가만두지
않을 거야.

부우웅

달빛술사 쿠키 님은
그렇게 나쁜 쿠키가
아니에요.

종종 거울을 통해 이곳에 놀러 오세요.

제가 마법 실력을 키워서 여길 더 좋은 곳으로 만들어 놓을 테니까요.

부우우웅

와아앙

파앗

드디어 밖으로 나왔다.

끼익

눈 부셔~.

안타깝지만 제시간에 경기를 완주(完走)하지 못해서 펫 알은 구하질 못했어.

다음에 다시
도전하자!

파앗

팟

아자!

이 계단을 따라
내려가면 출발
지점이 나타날
거예요.

그곳에 마법
거울이 있으니 다시
쿠키왕국으로
돌아갈 수 있어요.

척

슈크림맛 쿠키,
정말 함께
안 갈래?

시간이 되면
저도 거울을 통해
쿠키왕국으로
놀러 갈게요.

탐험가맛 쿠키 님께서 마법 거울을
가져가신 덕분에 쿠키왕국과
마법도시가 연결됐잖아요.

그럼 저는 달빛술사 쿠키 님께 돌아가 볼게요.

획

자동차(自動車) 마법 정말 멋졌어!

슈크림 보트도 최고였어!

안녕~

안녕, 잘 가….

흐흑…

슬퍼 마세요, 도련님. 가까운 시일 내에 또 만날 테니까요.

정말?

우르르

제가 언제 거짓말한 적 있나요?

블랙베리맛 쿠키….

달빛술사 쿠키 님이 갑자기 잠에서 깨어나셨어.

탁
탁
탁

무슨 일이 생겼는지도 몰라.

벌컥

달빛술사 쿠키 님!

슈크림맛 쿠키야, 도와줘!

안녕하신가~. 우리는 쿠키왕국을 위해 싸우는 전설의….

앗!

허허허

크크크

이게 무슨
소리야?

용감한 쿠키, 어서 가자.
할아버지, 할머니께서 우릴
기다리고 계실 거야.

내 머리!

아이고~!

아이쿠야!

허리 부러
진다!

저, 저게
뭐지…?

쿠키앤크림 할머니,
예언자맛 할아버지,
버터크림 초코쿠키 님!

마법사맛 쿠키
님도?!

아이고...

으으~

여기에 어떻게
오신 거예요?

아파~

우린 이곳이
싫어!

당장
돌아가겠어!

휙

휙

휙

펫들아, 마법
거울을 열어 다오.

후우웅

맞아. 펫 알을 못 구했어.

내가 뱀파이어 성에서 너희 펫 알을 훔쳐 간 거 사과할게.

스윽

아니야.

배낭이는 원래 탐험가맛 쿠키의 것이 맞아.

펫 알이 주인을 찾아간 거야.

하지만 배낭이에 담아 간 이 펫 알은 우리에게 돌려줘.

잠깐!

파-악

배낭이가 펫 알을 가져간 건 혹시 주인을 찾아주기 위해서가 아니었을까?

주인을?

척

펫 알이 진짜 자기 주인을 만날 수 있도록 말이야.

그렇다면 설마…

블랙베리맛 쿠키?

저, 저요?

저는 그저 이 집을 관리하는 쿠키일 뿐, 이런 귀한 보물과는 어울리지 않습니다.

무슨 소리야? 블랙베리맛 쿠키야말로 펫의 주인이 될 자격이 있어.

탐험가맛 쿠키보다도 더!

호호

하하

스윽

그래, 생각나는 한자를 한번 펫 알에 써 봐.

도련님….

제가 주인(主人)이 될 수도 있다니… 믿기지가 않아요.

두근

두근

왕(王, 임금 왕) 모양의 촛대 위에 타오르는 등불을 나타내는 주인 주(主).

슥슥

그래서 저는 주인을 뜻하는 주인 주(主)를 써 보겠어요.

스윽

조용~

아… 아닌가 봐요.

역시 전 도련님을 도와주는 일만 열심히….

빠직

저택 안을 마구 돌아다니는데?

왠지 집을 살펴보는 것 같아.

저건 집사유령이야!

집사유령?

자신의 주인을 도와 저택을 관리해 주는 펫이지.

하아

손볼 게 많은 대저택이라 한숨이 먼저 나오나 봐.

내 저택에 집사유령 이라니….

뱀파이어 성보다 더 고약한 소문이 나겠는걸.

유령…

저택…

30장

펫, 주인을 만나다

내가 꽃보다 아름답지 않다고?

내 펫이?

이 안에

花
꽃 화

이렇게 또 한 쌍의 쿠키와 펫이 만났구려~.

버럭

쿠키와 펫의 만남은 언제 봐도 감동적이야~.

난 아직 못 만났거든?!

축하해, 블랙베리맛 쿠키.

도련님.

이젠 내가 탐험을 나가도 블랙베리맛 쿠키가 외로워하지 않겠어.

음...

집사유령에게 저택을 맡기면 맘 놓고 도련님을 따라갈 수 있겠어.

슈우우우

집사유령이 또 어딜 가지?

쿵

쾅 쿵

투툭

툭

펫 알이다!

펫이 펫 알을 찾아냈어!

하나는 버려진 마법도시에 들어갈 때 썼던 펫 알이고

다른 하나는 유물들 사이에 숨겨져 있던 거예요.

파츠츠

뭐지? 갑자기 알이 이상해!

사실 알을 보자마자 떠오른 한자가 있어.

나는 언제나 럭키 가이! '행운(幸運)'의 다행 행(幸) 자를 쓸 거야.

화악

다행 행(幸)은 쇠고랑을 본뜬 한자야. 쇠고랑에 묶이는 걸 피한다면 다행이겠지?

안 돼!

척

幸

그래서 다행 행(幸)은 쇠고랑을 차지 않아 다행이란 뜻이야. 행운(幸運)이지!

난 어떤 시련이 와도 탈출할 수 있게 날 출(出)을 쓸래.

새싹이 땅 밖으로 나오는 모양의 날 출(出)!

격렬한 반응이
일어나고 있어!

파츠츠

순식간에
깨졌어!

뭐가 나온
거지?

연기 때문에
안 보여-.

이게 뭐야?

휘이이

주사위 형제잖아?

따 딱

따닥

진짜 귀여워!

럭키다이스 펫이야.

주사위를 던져 나오는 숫자만큼 능력을 올려 주는 펫이래.

간지러워~

나는 행운(幸運)을 부르는 쿠키니까, 럭키다이스와 한 짝이지!

근데 저건 뭐지…?

화악

으앗—, 언제 내 뒤에?

저, 저리가!

저건 꼬마유령 펫이야.

획

으아아~

구멍에 빠질 때마다 끌어 올려주는 펫이지.

뿔

뿔

뿔

우와! 이 녀석 정말 마음에 드는데?

나는 벽 타다가 종종 함정에 빠지기도 하는데,

획

꼬마유령만 있으면 잘 빠져나올 수 있겠어.

척

이제 다들 펫을 가졌어.

나만 빼고….

딸기맛 쿠키!

뭐, 괜찮아.

내 펫도 어디선가 나를 기다리고 있을 거야.

그, 그래….

훌쩍…

전혀 안 괜찮아 보이는데?

거울 속에서 누가 나온다.

설마 불꽃정령 쿠키?

콰아아

스스스스

콰아아

안녕하세요~.

슈크림맛 쿠키!

저 아이는 우릴 날려 버렸던 그 무시무시한….

덜덜…

으으…

슈크림맛 쿠키, 무사했구나.

잘 왔어. 우리와 함께 살자~.

여기가 탐험가맛 쿠키 님이 사는 쿠키왕국이군요.

경기장에 있던 마법 거울을 통해 이곳으로 탈출한 거야?

아니요. 전 달빛술사 쿠키 님의 방에 있는 거울을 통해 이곳에 왔답니다.

달빛술사 쿠키 님께서 전해 달라는 게 있어서요.

뭘? 설마 폭탄?

헛! 꺅!

아니에요. 달빛술사 쿠키 님은 이제부터 쿠키들을 돕겠다고 하셨어요.

쑥 쑥…

그래서 여러분에게 도움이 될 만한 기억을 몇 개 들려주셨어요.

굴뚝 마녀의 정체를 기억한 거야?

진짜?

달빛술사 쿠키 님은 굴뚝 마녀에 대해선 아무것도 모르신대요.

대신, 자신에게 마법을 가르쳤던 고대 마법사들에 대한 이야기를 해 주셨어요.

고대 마법사들?!

고대 마법사들은 쿠키들보다 훨씬 크고

화르르

불을 자유롭게 다룰 수 있는 종족이었대요.

오~ 그리고?

그리고 달콤한 마술을 잘 썼대요.

불을 잘 다룬다니, 역시 고대 마법사들도 악당이었을 거야….

여자 마법사는 두 명이 있었대요.

두 명?

엄마와 그 딸이었다고 하는데….

모녀?

두 분 모두 달빛술사 쿠키 님을 많이 사랑해 주셨답니다.

파츠츠

마녀라고 불릴 만한 나쁜 마법사는 없었다는 말이지?

끄응…

그럼 굴뚝 마녀는 고대 마법사가 아닌 건가?

그리고 달빛술사 쿠키 님께서 아주 중요한 이야기를 전해 주셨어요.

'빛나는 크리스탈'이 붉은 용의 불을 잠깐이나마 피하게 해 준다고 합니다.

화르르르

붉은 용(龍)의 뜨거운 불을 영원히 꺼뜨릴 방법은 모르지만

화르르

빛나는 크리스탈?!

빛나는 크리스탈은 쿠키왕국 곳곳에 숨겨져 있지.

오래된 유물 상자에 담겨 전 세계로 흩어졌다는 전설이 있어.

유물 상자?

그럼, 이제 마지막으로 전해 드릴 게 남았네요.

스윽

제가 거울을 통과할 수 있었던 건 바로 이 펫 알 덕분이지요.

반짝

반짝

펫 알이다!

이건 지하 감옥 경기장을 완주(完走)한 쿠키가 얻을 수 있는 펫 알 중 하나예요.

비록 완주는 못 했지만, 달빛술사 쿠키 님이 선물로 드리고 싶다고 하셨어요.

어? 펫 알이 떨리고 있어.

설마, 이건…?

파츠츠

파악

버터크림 초코쿠키 님의 것이지!

강하게 느낌이 오고 있어! 넌 내 거야!

금(金)을 좋아하니, 은(銀)을 좋아하니?

좌악 착

좌악

에휴~. 나이를 헛먹었네.

왜 내 펫은 없는 거야?!

질질질…

딸기맛 쿠키, 이번에 네가 해 봐.

나?

난… 언제나 예쁜 꽃 한 송이를 갖고 싶었어.

꽃?

말썽꾸러기 딸기맛 쿠키에게 꽃이라니! 안 어울려~!

하하하

쿡쿡쿡

아니거든?! 알고 보면 내가 얼마나 섬세한데!

농담이 었는데….

딸기맛 쿠키야, 어서 한자를 써 보렴.

어떤 한자를 쓸 거야?

나는 꽃 화(花)를 쓸 거야.

뜻을 나타내는 풀 초(艸→艹)와 소리를 담당하는 될 화(化)가 합쳐져 만들어진

꽃 화(花).

꽃이다!

하늘을 날게
해 주는 펫!
멋지구나.

오호~.

위이잉

내가
날고 있어!
신난다!

위이잉

딸기맛 쿠키,
어디까지
날아가는
거야?

위이잉

나도
몰라!

너무 빨리
날지 마!
무섭다고!

위잉

달빛술사 쿠키 님의 말은
다 전해 드렸으니,
저는 이만 돌아갈게요.

슈크림맛 쿠키,
이곳에서 우리와
함께 살면 안 돼?

제 집은
마법도시에 있는걸요.
제 스승님은 달빛술사
쿠키 님이시고요.

언제라도 거울을
통해 마법도시에
놀러 오세요.

저와 달빛술사
쿠키 님은 그곳에서
여러분을 열심히
돕고 있을게요.

저는 그럼 알 껍데기를
가지고 다시 거울로
들어갈게요.

슈크림맛
쿠키!

획

우린 꼭 다시
만날 수 있을 거야.

네, 저도
그럴 거라 믿어요.

스윽

잘 가ー!

신기한 녀석들이야.

흑…

수천 년이나 쿠키들과 벽을 쌓고 살았던 까다로운 달빛술사 쿠키의 마음마저 돌리다니 말이야.

저 아이들은 어쩌면 우리보다도 더 위대한 전설의 쿠키들이 될 거야.

호호

하하

게다가 펫을 모두 갖게 되었으니 힘이 더 강해지겠지.

이젠 저 아이들을 막을 건 아무것도 없을 거야.

모두 펫을 가지게 되었다는 건

그만큼 쿠키들에게 위기가 더 가까워졌다는 신호이기도 해.

난 그렇게 생각하지 않네.

펫들이 위험을 알아차리고 살아남기 위해 필사적으로 주인들을 찾고 있는 거라고.

팟

팟

화악

파앗

이제 전쟁이 코앞으로 다가왔어.

헛!

꿀꺽

우리는 용의 협곡으로 가서 용사맛 쿠키를 찾아와야 해.

가자

빛나는 크리스탈을 다룰 수 있는 쿠키는 용사맛 쿠키밖에 없어.

화르르르

용의 협곡은 너무 멀어. 난 그곳에서 여기까지 겨우 왔단 말이야.

팍

팍

버터크림 초코쿠키의 헬리콥터를 이용하면 돼.

누구 맘대로! 난 쿠키왕국의 미래 같은 건 관심도 없어.

우리 말을 못 들었나?

펫들이 필사적으로 주인을 찾기 시작했다니까?

어허!

그중엔 자네 펫도….

가자!

휙

얘들아, 우리는 용의 협곡으로 가서 용사맛 쿠키를 데려오마.

너희는 유물 상자에 담긴 빛나는 크리스탈을 찾거라.

투타타타

네!

순식간에 가 버리셨네.

유물 상자가 어디 있는 줄 알고 찾으라시는 거야.

위이잉

척

척

어? 저 먼지는 뭐지?

쿠키왕국의 공주님?

쿠키왕국은 쿠키 국민들이 뽑는 대통령과 옛 쿠키왕국을 다스리던 왕족이 있어.

그런데 공주님께서 왜 우릴 찾지?

공주님께서 쿠키왕국이 멸망하는 것을 막을 유일한 방법이 너희라는 예언을 받으셨다고 한다.

우리가 그새 유명해졌나 봐.

누가 그런 딱 들어맞는 예언을?

너희를 쿠키왕국의 성으로 데려오라는 공주님의 명이다!

크아아~

부우우웅

부우웅

어째서 죄수가 되어 끌려가는 기분이 드는 걸까?

쿠키왕국의 공주님을 만나러 간다니! 얼마나 우아하고 아름다우실까?

우리에게 큰 상을 내리실 거야.

부우우우

*불길해.

아우우···

*불길하다 : 일이 예사롭지 아니하다.

어디서 늑대 울음소리 나지 않아?

앙우우우우

부우웅

우리 늑대 쿠키들은 왕족에게 이용만 당하고 모두 죽임을 당했다고.

신난다!

부우웅

끄응···

제발 심각하게 생각 좀 해!

쿠키들이 쿠키왕국의 군사들을 따라가고 있잖아?

휘이이

왕족을 믿어서는 안 돼.

 쿠키왕국의 공주는 왜 어린 쿠키들을 부른 걸까요? 7권에서 확인하세요!

自

7급

스스로 **자**

부수 自 스스로 자

★ 自信 (자신)
어떤 일을 해낼 수 있거나 어떤 일이 꼭 그렇게 될 것이라 스스로 굳게 믿음.

★ 各自 (각자)
각각의 자기 자신.

動

7급

움직일 **동**

부수 力 힘 력

★ 動力 (동력)
전기 또는 자연에 있는 에너지를 쓰기 위해 기계 에너지로 바꾼 것.

★ 運動 (운동)
몸을 단련하거나 건강을 위해 몸을 움직이는 일.

車

7급

수레 **차 · 거**

부수 車 수레 차 · 거

★ 車庫 (차고)
자동차, 기차, 전차 따위의 차량을 넣어 두는 곳.

★ 汽車 (기차)
기관차에 여객차나 화물차를 연결해 사람과 물건을 실어 나르는 차량.

妨

4급

방해할 **방**

부수 女 여자 녀

★ 妨害物 (방해물)
방해가 되는 사물이나 현상.

★ 無妨 (무방)
'거리낄 것 없이 괜찮다'는 뜻의 단어 '무방하다'의 어근.

害

5급

해할 **해**

부수 宀 집 면

★ 害惡 (해악)
해로움과 악함을 아울러 이르는 말.

★ 被害 (피해)
생명이나 신체, 재산, 명예 따위에 손해를 입음.

文

7급

글월 **문**

부수 文 글월 문

★ 文學 (문학)
사상이나 감정을 언어로 표현한 예술. 시, 소설, 희곡, 수필, 평론 따위.

★ 漢文 (한문)
한자만으로 쓰인 문장이나 문학.

明

6급

밝을 **명**

부수 日 날 일

★ 明日 (명일)
내일.

★ 說明 (설명)
어떤 일이나 대상의 내용을 상대편이 잘 알 수 있도록 밝혀 말함.

王

8급

임금 **왕**

부수 玉→王 구슬 옥

★ 王位 (왕위)
임금의 자리.

★ 國王 (국왕)
나라의 임금.

4급	부수 宀 집 면
容 얼굴 용	★ 容忍 (용인) 너그러운 마음으로 참음. ★ 美容 (미용) 얼굴이나 머리를 아름답게 매만짐.

3급	부수 心 마음 심
恕 용서할 서	★ 恕罪 (서죄) 사정을 살피어 죄를 용서함. ★ 憐恕 (연서) 불쌍히 여겨 용서함.

6급	부수 言 말씀 언
計 셀 계	★ 計劃 (계획) 앞으로 할 일의 절차, 방법, 규모 등을 미리 헤아려 작정함. ★ 設計 (설계) 계획을 세움. 또는 그 계획.

3급	부수 女 여자 녀
妄 망령될 망	★ 妄想 (망상) 이치에 맞지 아니한 망령된 생각을 함. 또는 그 생각. ★ 迷妄 (미망) 사리에 어두워 갈피를 잡지 못하고 헤맴.

7급	부수 丶 점 주
主 주인 주	★ 主客 (주객) 주인과 손님을 아울러 이르는 말. ★ 民主 (민주) 주권이 국민에게 있음. 민주주의.

6급	부수 干 방패 간
幸 다행 행	★ 幸福 (행복) 복된 좋은 운수. ★ 不幸 (불행) 행복하지 않음. 또는 그런 일.

7급	부수 艸→艹 풀 초
花 꽃 화	★ 花壇 (화단) 꽃을 심기 위해 흙을 한층 높게 하여 꾸며 놓은 꽃밭. ★ 國花 (국화) 한 나라를 상징하는 꽃. 우리나라는 무궁화, 영국은 장미 등.

야호~! 나는야 한자 박사!

★ '부수'란? 부수는 자전(옥편)에서 한자를 찾는 기준이 되는 글자로, 한자의 뜻과 연관이 있어요. 예를 들어 木(나무 목)을 부수로 쓰는 한자의 뜻은 '나무'와 연관이 있어요. 또, 부수에 해당하는 한자가 다른 글자와 만나면 모양이 조금씩 변하기도 해요. 信(믿을 신)의 亻은 人(사람 인)이 변형된 한자예요. 부수의 수는 총 214자입니다.

두근두근 알쏭달쏭 심쿵 비밀 이야기
설레고, 재미있고, 오싹한 이야기를 만나요!

〈오늘의 영상툰〉 1-3권

설렘툰

고민툰

오싹툰

QR 코드를 찍고 〈오늘의 영상툰〉 채널로 출발!

SANDBOX
© SANDBOX, All Rights Reserved.

각 권 값 12,000원 / 판매 : 02-791-0754 (출판마케팅) 서울문화사